直貢法王傳

西藏佛教直貢噶舉澈贊法王

昆秋滇真昆桑赤列倫珠

〈前傳〉

延著佛跡

目錄

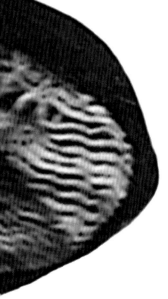

第二次序言

我的照片自傳起初於1998年，由馬來西亞賀守正醫師的幫助下，在馬來西亞檳城印刷，以英文出版。此後2003年，在台灣直貢噶舉的第一個中心成立時，內湖中心理事長莊小姐的發心，由中心何秘書（昆秋曲吉）整理，第一次以中文在台北印刷。

之後，何秘書到美國安居，十四年後再次召集，整理後加上新的照片，按計畫前、中、後三部的因緣成熟，我們整理照片的過程中，盡量選擇歷史性的照片。當然；這些舊的照片，是由我的父親和德國的探險家HENRICH HARRER所拍攝，他們的功勞是離不開的。這次我們每個照片有比較詳細的日期紀錄，就成為了照片和傳記結合的書。

這次能夠完整日記和照片整理，是由世界各地直貢噶舉中心，積極的配合，共同參與完成的工作，我趁這個機會對大家致上感謝。

由此而積聚的福報將蒸蒸日上，不會流失的為三寶加持給予祈禱和圓滿。

受嘉旺直貢巴稱號加持者

昆秋滇津昆桑赤列倫珠

西元2021年4月5日

4 F-3,NO.329,ZHONGXIAO EAST ROAD SECTION 4,　　　D.K.INSTITUTE P.O.KULHAN SAHASTRADHARA　　　PHYANG MONASTERY,PHYANG,LEH,194101
DA-AN DISTRICT,106 TAIPEI CITY,TAIWAN.　　　　　　ROAD 248013 DEHRA DUN UK INDIA　　　　　　　　LADAKH, J & K INDIA

直貢噶舉日月吽標幟

在西藏直貢噶舉居熱南淨噶波地方之空行母由空降下之聖禮中，有此吽字之標幟，此為天神之寶物，為直貢噶舉歷代最密之印，保護行者免於災病魔障之侵。

在此對直貢噶舉『日月吽標幟』做一簡短解釋，分外、內、密、究竟四層意義：

- 外層： 紅日代表密勒日巴如日之心子岡波巴；
  白月代表密勒日巴如月之子惹瓊巴，
  具有噶舉導師加持行者之意義。
- 內層： 藍吽代表智慧怙主瑪哈噶拉；
  白月代表直貢噶舉無異於金剛亥母之女護法阿企秋吉卓瑪；
  紅日則代表護法自瑪。此為直貢噶舉三大護法。
- 密層： 置於菩提月上之吽字代表男性本尊勝樂金剛；
  紅日代表女性本尊金剛瑜珈母。
  二者結合如佛與佛母報身之雙身顯現，代表智慧及慈悲之雙運。
- 究竟： 藍吽代表十方三世諸佛之心，藍色乃虛空之色，清淨無礙，無可言說。
  藍吽為法身之本性象徵。

此外，五方佛及五智亦包含於吽字之中。

毗盧遮那佛	法界體性智
不動佛	大圓鏡智
寶生佛	平等性智
阿彌陀佛	妙觀察智
不空成就佛	成所作智

五智吽字極顯耀
生圓雙運勤修持
四身五智願成熟
即身得證金剛持

直貢噶舉澈贊法王赤列倫珠
述於拉達克喇嘛玉如寺　1980.10.12

直貢噶舉傳承•金鬘

直貢噶舉傳承始自法身佛金剛總持，傳至帝洛巴尊者（西元 988 ~ 1069 年），再傳至那洛巴尊者（西元 1016 ~ 1100 年）。其後，西藏馬爾巴大譯師（西元 1012~1097 年）數度前往印度，師事那洛巴、梅季巴等諸大成就者前後十餘年之久，盡得其法。馬爾巴祖師返回西藏以後，傳法給密勒日巴（西元 1052 ~ 1135 年）。

密勒日巴有兩大弟子：如月之惹瓊巴，如日之岡波巴（西元 1079 ~ 1154 年）。岡波巴在「噶當」派出家成為比丘，再從密勒日巴尊者修習噶舉派的拙火、大手印，教法合一，著成「解脫莊嚴寶大乘菩提道次第論」，教化弟子無數。　由岡波巴大師所開始的傳承，被稱為「達波噶舉」。

岡波巴大師有四位重要的法嗣，開創出噶舉教派的「四大」傳承：帕摩竹巴（西元 1110 ~ 1170 年），開創了帕竹噶舉。噶瑪巴杜松虔巴即第一世噶瑪巴，開創了噶瑪噶舉（西元 1110 ~ 1193 年）。巴絨達瑪旺秋，開創了巴絨噶舉（西元 1127 ~ 1199 年）。尚玉察巴宗都達巴開創了察巴噶舉（西元 1123 ~ 1193 年）。

帕摩竹巴是岡波巴大師最重要的弟子之一，帕摩竹巴曾授記：將有一位證得十地果位的菩薩會傳續教法及加持。如同帕摩竹巴的預言，覺巴吉天頌恭在直貢地區創立「直貢噶舉」法脈，建造了直貢梯寺。

傳承迄今已有八百五十年，共有三十七位法王構成直貢噶舉的傳承。

直貢噶舉法嗣•源流

直貢是一個地方的名字，距西藏拉薩八十公里以外的地方，直貢也是早期藏族的一個姓氏，比方說松贊干布的妻子，還有他的大臣，很多姓"直"的家族住在那裡，構成了直貢地區。

祖師吉天頌恭八百年以前，在那裡建立寺廟以後，直貢噶舉這個傳承就開始延續下來。和其他傳承一樣，直貢噶舉主要是修行大手印和那洛六法，但是直貢噶舉有一個特別的，就是修行大手印五支。有岡波巴的弟子從阿底峽的傳承，和帝諾巴、那洛巴、瑪爾巴這個修行的傳承，兩個法脈合起來成為一條法脈。

直貢噶舉非常重視修行，以前在主寺的東部、西部共有兩個閉關中心。祖師吉天頌恭在七十多歲時，有岡底斯山、拉契雪山，札日這三個聖地的空行母顯現，要求他一定要去這些地方修行，還有他的上師帕摩竹巴也不斷教導他修行才是重點。有一天吉天頌恭就失蹤了，僧眾最後在直貢梯寺後面的山洞裡找到他。上千個喇嘛去到山洞裡懇求他一定要回到寺廟裡面，吉天頌恭說：「我的上師指示我一定要修行，另一方面有岡底斯山、拉契雪山，札日的空行母也要求我要去當地修行。所以我決定在這裡修行了。」他又說：「有一個選擇，一個是我去到這三個聖地修行，你們留在寺廟裡面，或是你們去修行，我留在寺廟裡面。」

於是，在寺院裡基本修完四加行的四百多個僧眾前往。往後，繼續有幾千位前往，在吉天頌恭七十五歲圓寂的時候，每個地方都派去有五萬五千五百二十五個修行人，這是書裡有記載的。

主寺自創立以來，就一直有修行人在那裡閉關。包括青海地區在內，我們直貢噶舉的寺廟總共有一百五十多所。很多寺廟裡面都有閉關中心，修行人在這些地方圓滿三年閉關，修行大手印及那洛六法。目前直貢噶舉在海外總共有一百三十多個中心，德國也開始有閉關中心了，這是直貢噶舉目前的概略。

這是祖師吉天頌恭尚未建立主寺以前的閉關房（原始的）叫做查拉噶瓊。

三界怙主覺巴
吉天頌恭
（1143 ~ 1217）

過去龍燈佛與燃燈佛
未來彌勒現在釋迦佛
諸佛邊際無比仁欽貝
吉天頌恭足前我頂禮

這尊是在直貢噶舉主寺
丹薩梯強久林寺院金頂
內的法相，佛像的心臟
位置放有釋迦牟尼佛的
舍利，以及祖師
吉天頌恭的心臟舍利，
每一任直貢法王陞座以
前，都必須在此像面前
剃度皈依。

直貢噶舉主寺丹薩梯強久林寺院（簡稱直貢梯寺），
1179 年由祖師覺巴吉天頌恭創立。
金頂的頂端叫色康瑪，在色康瑪左邊是色康卻指的就是
祖師吉天頌恭。前面廣場是拉伊堂，是祖師吉天頌恭講
經的地方，祖師吉天頌恭曾發願，誰去到這裡，將不會
墮入三惡道。因此，當地有習俗，往生者送到天葬台之
前，都會放在這裡一個晚上。

這個照片是離岡底斯雪山不遠的布攘縣，
這是在山腰上的孔布寺裡面，保存最完整的壁畫。

寺院前面的谷地稱做惹斯雪，中間的河是雪榮河，
是拉薩河的源頭，草原右底下路邊有
祖師吉天頌恭的法座，以前祖師吉天頌恭
講經時候，百萬出家人聚集的地方，也是
麥巴鄉政府所在地。

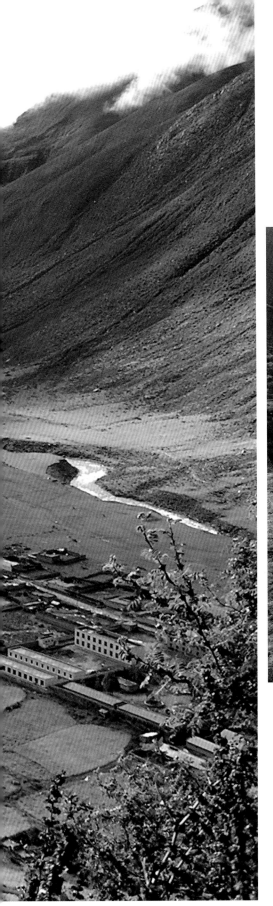

惹斯雪前不遠處，有個大盤石稱做磐石昆巴，
祖師吉天頌恭曾坐在上面講經。
旁邊紅色的黃連椒木叫做傑粑，也是一種藥材。

這是直貢噶舉主寺直貢梯寺院全景，早期傳統以實修為主，
有東西兩個閉關中心與指導老師，主要傳授大手印五支與那洛六法。
祖師吉天頌恭是猴年出生，寺院會定期舉辦猴年大法會，有兩天的金剛舞表演。

這是位於直貢梯寺拉伊堂的東邊大殿，
最近獲准修建後，成為最大的大殿，
早期是法王貝瑪嘉稱於 1770-1826 年建造的。

瓊贊法王：為第 36 任傳承持有者，
昆秋滇真‧確吉囊瓦，駐錫於西藏拉薩。

澈贊法王：為第 37 任傳承持有者，
昆秋滇真昆桑・赤列倫珠，駐錫於印度。

澈贊法王的前世

澈贊法王的前一世，
即第三十四任法王滇真喜威羅卓
（西元 1886-1943）

從第一世祖師覺巴吉天頌恭
算起，直到 22 任法王那洛
札西朋措，都是由居熱家族
繼承法座。
居熱家族的二兄弟中，長子
是第 23 任法王嘉旺昆秋仁欽，
因是兄長，稱為「澈贊法王」。
弟弟是第 24 任法王仁欽郤札，
稱為「瓊贊法王」。
之後，直貢噶舉的傳承由
家族制改為轉世制。

第三十四任法王滇真喜威羅卓

第三十四任法王滇真喜威羅卓，即是第七世澈贊法王赤列倫珠的前世，於西元 1886 年出生於西藏達拉岡波的地方。由第三十三任法王卻吉羅卓指認後，幼年即依止法王卻吉羅卓出家，於西元 1906 年登上了直貢噶舉派的三十四任法王寶座。

法王滇真喜威羅卓在教證與實修方面都非常圓滿，他從第一世蔣貢康楚羅卓他耶的弟子 --- 喇嘛札西拉達，領受 [噶舉密咒藏] 的總集灌頂，並傳給赤札嘉拉天津土，這是現今直貢噶舉 [噶舉密咒藏] 的後期傳承由來。

也曾邀請明林崔欽法王策旺諾布，到直貢揚日噶寺傳授 [大寶伏藏] 的總集灌頂，這是直貢 [大寶伏藏] 的傳承之始。

於西元 1922 年創立尼瑪江熱 (太陽花園) 佛學院，這是直貢教史上第一座正式的佛學院。曾傳授十三世達賴喇嘛 [那洛六法] 與 [大印五支] 的教法 ，並得到十三世達賴喇嘛冊封為大呼圖克圖的榮銜。

他在位三十七年，在預言自己的涅槃後，於西元 1943 年圓寂。入滅時，維持定境七日，身體未曾腐壞，火化時生的煙飄向拉薩方向，授記他將於拉薩附近轉世以利益有情。

澈贊法王行誼 (1946~~1989)

西藏佛教直貢噶舉第三十七任澈贊法王，曾在歷代直貢上師中化身為第 23、25、27、29、32 及 34 任法王。法王於 1946 年藏曆火狗年降生於西藏拉薩的貴族察絨家中，出生當天也正是佛陀在鹿野苑轉法輪的吉日。

1949 年：三歲時，由直貢噶舉攝政王嘉樂滇津土登仁波切，根據吉祥天女的靈示，正式認證法王的轉世身分。這是澈贊法王的第七次轉世。

1951 年：澈贊法王四歲半時，被帶到第十四世達賴喇嘛面前，舉行皈依剪髮及取法名的儀式。然後被迎請到直貢噶舉主寺直貢梯正式坐床。澈贊法王的主要上師為赤札嘉樂仁波切，為他傳授噶舉密咒藏等噶舉一般教法及直貢噶舉不共的法門。列宗赤巴仁波切也為澈贊法王傳授噶舉傳承重要教法與寧瑪派大寶伏藏。此外，法王先後得到許多大師，如培巴朱古天貝尼、第六世洛鐘楚仁波切與永珍土登仁波切的教導，領受所有直貢傳承教法、護法灌頂及伏藏的總集灌頂、命根心咒與大藏經的口傳，也圓滿了文法曆算、醫學及主要的經論教授。

1959 年：時局變遷，澈贊法王被迫遷出直貢梯寺。在那段日子裡，澈贊法王以慈悲、智慧及忍辱，度過艱辛的歲月。

1969 年：文化大革命爆發，澈贊法王的宗教學習完全中斷。在五年勞改期間只能密修默記的上師瑜珈及供養法，同時下定決心前往印度。

1975 年：澈贊法王得到朋友的協助，隨身帶了一張地圖、一把小刀、一袋食物和五塊麝香越過西藏邊界取道尼泊爾，獨自步行十天到達加德滿都，最後到達印度。達賴喇嘛為法王重新舉辦官方的陞座典禮。然後，法王跟隨父母，前往美國居留兩年半，期間除了學習英文外，也著手進行西藏歷史與公元年代的比對，撰寫出一部新的直貢史。

1978 年：在直貢噶舉派諸位仁波切的請求下，法王從美國回到印度。將法座暫設於拉達克的平陽寺。同年年底，法王在拉達克的「喇嘛玉如寺」，在瓊噶仁波切的指導下閉關三年。在拉達克舉辦吉天頌恭建立直貢梯寺八百年紀念大法會時，達賴喇嘛與西藏政府都派代表參加。

1981 年：瓊噶仁波切圓寂後，法王前往大吉嶺竹巴噶舉派總寺密咒法藏寺三年，隨竹巴噶舉派堪布挪揚領受寂天的《入菩薩論》、龍樹的《親友書》、月稱的《入中論》、彌勒的《究竟一乘寶性論》、竹巴噶舉的傳規大手印及達波塔西南賈所著之《月光疏》、《日光疏》等。並分別從第十六世噶瑪巴與第一世突謝仁波切，得到噶瑪噶舉和竹巴噶舉的那洛六法。

1983 年：澈贊法王在不丹從頂果欽哲仁波切領受口訣藏、龍欽心髓精義四支、大圓滿命力灌頂、智慧上師口授及密續祕密藏。此後，又在尼泊爾新欽寺，從頂果欽哲仁波切領受第一世蔣貢康楚的《大寶伏藏》十冊補充、廣大密庫與不共祕密藏以及達波塔西南賈三光疏的《寶光疏》，大圓滿精義四支等法要。

1984 年：在拉達克，澈贊法王從堪布豆竹領受極為稀有的藏王松贊干布伏藏《瑪尼全集》，並自永珍安陽土登仁波切得到《阿企全集》。並在錫金從達隆噶舉法王達隆夏忠仁波切領受勝樂輪六十尊大灌頂、四十三本尊隨許及耳傳金剛句等法要，成為當今達隆噶舉派教法最完整的持有者。

1987 年：澈贊法王開始到世界各國弘法，並在印度強久林，建設直貢噶舉學院與閉關中心，以教育僧眾延續直貢噶舉傳承的法脈。

1988 年 2 月：澈贊法王蒞台弘法，與當時台灣中國佛教會會長悟明長老、星雲法師、證嚴法師等人會面，並舉行直貢大遷識法閉關。

察絨家族房子有新舊兩個，舊的察絨家族房子，
由察絨・旺秋多吉所建造，在拉薩八角街裡面。
這是新的房子由察絨・達桑占堆（法王祖父）
於 1943 年所造，位於拉薩寺南部河邊附近。

法王的祖父察絨・達桑占堆
(Tsarong Dasang Dadul)，
曾擔任十三世達賴喇嘛政府的
藏軍總司令（（1888-1959)
是西藏近代史上的重要人物，
以主張現代化改革而著稱。

這是法王的父母，在察絨家屋前的林卡，這樣的花園共有三個，
中間是法式的，兩邊是英式的。
照片前方的長水管是引水灌溉用的。

攝於 1943 年察絨家宅前庭階梯。

前方兩位是法王的祖父察絨‧達桑占堆及祖母貝瑪卓噶。

後面兩位是法王的父親察絨敦都南杰及母親央金卓瑪。

法王父親身穿的服裝起源於十五世紀，叫做仁阡，這種服裝平時都珍重收藏，只有在西藏政府議事會時，大臣才會穿著這種官服。

法王的母親身穿西、藏拉薩地區名符其實的貴族錦袍。

法王的母系熱卡夏家族。
照片右至左為法王的外祖父多噶平措熱傑，
外祖母仁增普赤，
母親央金卓瑪，
舅舅索南托嘉。

法王的母親身穿拉薩地區藏族
服飾，這是日常服裝。

法王的祖父、祖母和法王的母親，
一起在家中西紅柿園中修剪枝葉。

法王家中舉辦宴會時，常邀請藏族古典歌舞「囊瑪」表演，
演奏者是拉薩有名的琴師阿免日拉（Amen-Ri-La）是位
藏人回教徒。伴奏樂器稱為扎木聶，即六弦琴。是西藏最
早的樂器之一，相傳是印度傳過來的。

這是法王母親與當時駐拉薩使節團中的常駐西醫 Dr.Gutherie 合影。

出生

法王的母親在懷孕時，曾出現許多吉祥瑞兆。有一日清晨剛醒來時，看到一尊巨大的綠度母佛像站在床前，法王出生于藏曆六月初四日，正為釋迦牟尼佛在鹿野苑初轉法輪的吉日。這些瑞相令這個孩子顯得非比尋常。

法王生下來的時候，不沾母血，全身為一層透明的胎衣所覆，他的祖母以為這個孩子死了，因此將孩子放在一個籃子裡，擺在角落準備丟棄。而法王的父親騎著摩托車到印度羅布林卡大使館，親自將駐拉薩使節團中的常駐西醫 Dr.Gutherie 帶回家，當醫生除去嬰兒的胎衣以後，發覺嬰兒的臉色發青、沒有呼吸，這位醫生試著把手伸進嬰孩的喉間，除去了障礙物，倒抓孩子的雙腳輕拍他的胸、背，終於嬰兒發出聲音並開始哭泣。

孩子以這樣不平常的方式出生，但是誰也未能料到往後的歲月中，等待著他的是更不平凡的人生。

法王出生於 1946 年藏曆火狗年八月一日。
母親懷抱中的即是法王。

法王在家宅門前。

法王與大哥察絨吉米在正房右側的客房院子裡面。

當時法王四歲,攝於家中花園。家前面有三個林卡,這是中央的花園,法式的。
照片中法王與哥哥一起玩耍。

法王的全家，母親右手邊是大姐南傑拉姆達拉（左二），
第二位是大哥次旺吉米（左一）。
母親左手邊是二姐諾真拉姆夏卡巴，
第二位即是法王次旦居美，
母親手中抱著弟弟次旦白覺。
1950 年攝於噶林邦。

法王的父親察絨敦都南杰是西藏第一位攝影師，
本書中大部份早期的照片皆出自其手。
父親的右邊是大哥，左邊是法王。

認證

如同許多轉世者，三十四任澈贊法王滇真喜威羅卓在西元 1943 年圓寂以後，直貢噶舉教派負責認證的攝政嘉熱旦增土登，特別到可以預示未來的吉祥天女湖去觀湖，由聖湖所得到的啟示，顯現出前任法王轉世的家宅，屋頂上有一支尊勝旗幟，有一隻小狗繞著旗幟轉來轉去，堪布次丹桑布看鏡也得到相同的觀境。於是，直貢寺廟迅速派出人馬，分別在西藏各地區尋訪，在尋訪靈童的過程中，發現具有異相的特殊小孩總共有幾百位，多次請神降諭指示之後，最後僅剩五位。

其中一位靈童家宅景象與吉祥天女湖所現的境完全符合，小孩生於吉祥日，母親懷孕時及嬰兒出生時呈現的種種瑞兆，但為求慎重起見，打卦請示護法也得到同樣的結果。同時，法王也無誤地選出自己前世所用過的唸珠、祈禱法輪等法器。

此結果得到噶瑪噶舉派的領袖，第十六世嘉華噶瑪巴及達隆噶舉派的瑪楚仁波切一致認同。這兩位都是以證悟及神通著稱，同時也是西藏指認轉世者的權威。但因直貢法王的地位崇高，所以將尋訪的結果呈報西藏政府，當時第十四世達賴喇嘛年紀很小，故由其攝政王達札仁波切再予以確認，至此，第三十七任直貢法王的身份被正式認定。

1949 年澈贊法王的轉世身分正式認定後，
直貢噶舉教派的攝政
赤札嘉拉天津土登仁波切，
代表直貢拉讓，
來到察絨家宅的曲吉康佛堂裡，
舉行第一次儀式，向法王獻曼達。

法王的祖父察絨‧達桑占堆（Tsarong Dasang Dadul），
代表全家供曼達拉。

法王四歲的時候，離開家裡前往直貢梯寺，
前面是法王的祖父，祖母貝瑪卓噶，
後面戴紅色帽子的是察絨家的公關員札西，
照片右邊是法王的侍者索奔曲卓，他抱著將法王放在馬背上。

法王坐騎的裝飾叫做仁千傑察（richen gyantra），
是用七彩錦緞製成的裝飾，
馬前垂掛的配飾共有兩層，
馬頭也安裝著鍍金的頂戴，
都是呼圖克圖才有的裝束。

法王騎上馬後，披上錦袍，頂戴唐許帽子。

前往直貢寺的路上，跟在法王後面有寺院的管家等，再後面是法王的母親等家屬。

從拉薩騎馬到達湯佳寺伊田並住一晚，
第二天乘坐牛皮筏渡拉薩河。
馬牽著牛皮筏一起過河。
法王小時候的保母尼雅將法王交給管家索奔卻吉抱上船，
母親在旁邊看著。

前往拉東港途中。
前方引騎所豎立的旗幡分別代表阿企、大黑天、曲瓊等護法。

過河後，來到拉東港，在那兒休息用午餐，
婦女們穿著早期直貢傳統服裝，
並準備了直貢傳統「雪千歌舞」和「措」等舞蹈，
以歌詠山川大地之美，法王當時在前方的帳篷內用餐並觀賞舞蹈。

這是法王在到達直貢宗梓前，搭建帳篷安排午餐的隨行人員。

午餐後，法王從拉東宮乘坐八人拉抬的輦轎前往直貢宗梓（宮殿）。
蒙古王朝時期總行政所，始建於對面山腳處，叫做南節卻尊，
後來在蒙古軍攻佔西藏時被摧毀。

手持傘蓋者是寧傑，他的旁邊是森嘎居沛，
法王左邊是近侍，法王左後方是母親。

臨近直貢宗梓，
在雪榮河尾端上，有一座鐵橋，
是湯宗傑布所建造的 50 多座鐵橋樑之一。
過這個橋要下馬用走路的，
法王走過橋後，再騎馬前往直貢宗梓。

過橋後，前方是直貢村莊，很快就要到直貢宗梓（城堡）。

直貢宗梓不是一個寺廟，而是以前西藏十三萬戶的總行政管理處。
兩位直貢法王會在這裡度過冬天，藏曆新年前後，會舉辦兩個大法會：
過年前十二月舉行的雅棉搭嘎（文殊閻摩敵）大法會，
以及過年期間，會演出七天的藏戲阿傑拉摩。
這裡有四個閉關中心，專修「敞松洛替」（普巴金剛）。

65

迎接法王的隊伍，在村莊前面路上，
這些是直貢拉昌為首的行政官員，
以及各寺廟的代表。
攝政赤札仁波切（左一）率領直貢管家僧眾、地方官員，
在直貢村莊前面等待。

這是直貢管轄地區的所有區域代表，前來迎接法王。

抵達直貢宗梓山腳下，歡迎的隊伍右方是僧眾的嗩吶儀丈，
左邊是直貢的文化演出隊等候在路上，
從這裡開始，法王下來輦轎，再騎馬上直貢宗梓。

這是正在擴建中的直貢宗梓，前面藍色的建築物是直貢
水電站，佛學院與橋樑已不存在。

迎接法王的信眾在寺院前面等候，
這是當時直貢牧區官員所穿的服裝。

直貢所屬牧區代表迎接法王。

法王到達直貢宗梓，傳統迎接儀式後，
接著在廣場前面舉行歡慶舞蹈，
這個舞蹈名叫『宣』，
只有在兩位直貢法王坐床典禮時才會演出。
『宣』目前已經列為國寶級的傳統文化。

法王父親特別拍攝直貢地區婦女的傳統服裝及裝飾。

坐床

直貢噶舉第三十七任法王
昆秋滇真昆桑赤列倫珠
四歲登上法座
是第七世澈贊仁波切

澈贊法王四歲半進入寺廟後，接著被帶到第十四世達賴喇嘛的座前，接受皈依、剃度、取法名的儀式，然後被迎請到直貢噶舉派的主寺－直貢梯，舉行正式的陞座大典，如是盛會，有來自西藏各大教派和各方的代表兩千多人，直貢地區的官員，地方上的仕紳，身著傳統服飾，夾道歡迎這位活佛到來，而各區的婦女更是換上色彩鮮豔的服飾，表演傳統的舞蹈，加上直貢教派的高級僧眾，儀仗隊伍可說是浩浩蕩蕩；在隆重的坐床典禮中，年幼的法王穿戴全套 [呼圖克圖] 裝束，頂戴金帽，法王的父親亦身著官服，和法王的母親及親屬多人陪同一齊前往直貢梯參加盛會，當時為西元 1950 年－－－－－－－－。

法王回到察絨家，
扶右手的是法王舊的管家列桑，
左手邊是新管家叫次沛，
往樓梯上走的是赤札仁波切。

法王身著呼圖克圖服裝。
在家宅院內開滿牽牛玫瑰花搭建的拱門前留影。

法王右邊是管家次沛，左邊是外事昆秋桑顛。

法王在家中牽牛玫瑰拱門前。

法王前往布達拉宮，接受第十四世達賴喇嘛給予剃度與皈依的儀式，
左手邊是法王侍者索噶，持傘的是竹奔昆秋次旺。

法王離開布達拉宮後，回到察絨家，途經拉薩城。

法王坐在寺廟前山上。

法王與父親。

法王自幼喜愛足球。

與家人住在印度噶林邦時，經常與大哥吉米
還有不丹的親戚札秀托吉、多傑一起踢足球。

後排中間是法王的大姐，
大姐右手邊是表妹，左手邊是法王的二姐。
前排右一是大哥吉米（右一）與法王。

主要經教師，也是直貢攝政，

名叫赤札嘉熱旦增土登

（H.E. Gyabra rinpoche，西元 1924−1979）

察絨家後面的溫室，溫室內有各種各樣花卉，
房子的兩端種有紅的跟白的兩種葡萄樹，
藤葉架就搭在房子屋頂上面。

直貢揚日岡寺是法王夏天住的地方。

每年有大約五百多位出家人,

都會來此參加法會,

特別是蛇年所舉辦的法會,就在寺院前面廣場舉辦。

寺廟生活

直貢法王有春、夏、秋、冬四座寺院行宮，直貢噶舉派的主寺—直貢梯寺是秋宮，冬天住在直貢宗梓，春天搬到直貢德寺，夏天則住在直貢噶寺。

法王從四歲半進入直貢寺院起，每年只能回家一個月，與家人及父母相聚，此外除了初一與十五的假日，法王每天都要學習各種顯密教法。自西元 1958 年開始，兩位法王一齊從諸位上師教導並開始研讀佛教哲學及經論，一直到西元 1959 年。

這是在直貢揚日岡寺屋頂上。法王經常在屋頂空曠處騎車。

這是直貢揚日岡寺院下面的雪榮河，旁邊有做糌粑的水磨，還有一條河水渠道。

西藏七月份時，有特別的星星叫噶瑪日曬，

它在放光的時候會產生能量，所照之處水草茂盛，

人及馬等動物都會在這期間進入水中浸浴。

這是重建中的揚日岡寺廟，舊的寺廟在 1959 年時期已經摧毀，當時曾有軍隊在此駐營。

離直貢梯寺不遠的地方是直貢的尼姑寺叫德卓寺。這裡有很出名的溫泉，兩位直貢法王每年會在秋天時，來此處搭帳篷住一個禮拜。 也會去轉德卓聖山。山上有非常稀奇的山洞，叫做白崖空行洞，或叫懸崖長梯洞。法王仁欽朋措曾從山洞中取出深廣法藏。

這座雅瑪尼寺廟在揚日岡寺東方不遠處，法王幾乎每年夏天都去那裡，
在泉水邊做祈雨法會。這裡主要是喇嘛貝威多吉閉關的地方。

這是尼瑪江熱佛學院尚未成立以前，在雅瑪日 yenmare manastree 所設立的佛學院，
這是當時上師蔣揚汪切祖古（中間）和全體學生。

直貢尼瑪江熱佛學院，位置靠近直貢宗梓，是法王的前世喜威羅卓所建。

培巴祖古滇貝尼瑪是佛學院主要經教師，
是寧瑪巴大圓滿心髓派祖師巴楚仁波切的轉世。
西元 1956 年時，直貢寺僧眾迎請他擔任直貢尼瑪江熱佛學院的院長。

直貢噶舉尼瑪江熱佛學院全體學生合照。

直貢噶舉尼瑪江熱佛學院裡當時在學的仁波切合影，從左到右為：
阿貢仁波切、將洛千仁波切、拉達多傑仁波切、日杰仁波切、瓊贊法王、澈贊法王、
赤札嘉拉仁波切、邱吉仁波切、子覺仁波切、梭珠仁波切。

左邊第一位是東滇仁波切、日杰仁波切、努巴仁波切、竹巴祖古、卻古仁波切、
帕洛仁波切，竹巴祖古，達昌仁波切，前面最小的是祖古蔣揚汪切的轉世。

這是直貢孫朵 (Drikung Sumdo) 地方，
每十二年舉辦的猴年大法會上，
澈贊法王在帳篷處給予灌頂。
前面是法會戒師，名叫布穀阿里。

這裡是 1958 年在直貢孫朵 (Drikung Sumdo) 地方，
每十二年舉辦一次的猴年大法會上，澈贊法王第一次主持法會時的盛況。

法王主持猴年法會時拍攝。

這是維持法會次序的喇嘛，右邊是察果，左邊是次列。

直貢札哇寺是兩位法王春天時住的地方。這裡雖然沒有很多出家人，但在春天時，會舉行八大黑魯噶法會，跳金剛舞。

位於直貢梯寺附近的帕戎卻滇舍利塔，
相傳是阿育王建的。
法王常去龍旭河邊洗衣服及洗澡。

澈贊法王（中）與瓊贊法王（右）、弟弟帕丘牽著山羊。攝於 1957 年。

澈贊法王與瓊贊法王。攝於 1957 年。

1958 年時，從拉薩到墨竹工卡縣已經有簡單的公路，
從拉薩前往直貢梯寺的時候，
法王的父親是駕著 Land Rover 送法王到墨竹工卡縣，
之後再騎馬到寺廟，這樣可以節省一天的時間，
不需要在湯佳寺住一晚。

法王的兄姐及弟弟到印度大吉嶺教會學校上學前，與法王
的最後一張合影，攝於 1958 年。

這是法王最後一次到拉薩探親，
法王與父親一起開吉普車去到布達拉宮的西部山頂上，
觀看拉薩全景，
下山走到布達拉宮下面，
在拉鹿家族用過午餐後，前往附近的田野中。
這是父親為法王拍的最後一張照片，
當時為 1958 年秋天。

1983 正在重建中的直貢梯寺 ⋯⋯⋯⋯⋯

這是澈贊法王（前排最左）和西藏中學足球校隊代表合影，
攝於 1965 年。
這一年他們代表西藏自治區贏得全國校隊足球比賽冠軍，
並獲得西藏政府組織的專業足球隊比賽第一名。

法王（左二）當時是足球隊左前鋒，
右邊是左內前鋒的昆秋斯坦，
中後衛的給桑多吉及踢右前鋒的羅多。

1975 年 4 月 28 日，
法王從拉薩越過喜瑪拉雅山到尼泊爾，
從尼泊爾搭公車越過邊境，
再搭乘三等火車到達印度境內。
這是 7 月 15 日到德蘭莎拉後，在哥哥家中的前院合影。

1975 年法王準備前往美國時，
在德蘭莎拉所拍攝的護照用照片。

1975 年澈贊法王
在北印度德蘭莎拉，
再度剃髮穿上僧服。

1975 年 7 月 17 日，
印度的西藏官方宗教局
在德蘭莎拉為法王舉行坐床儀式。

宗教局局長向法王獻上身口意曼達拉。

直貢拉昌代表昆秋桑滇對法王獻身口意曼達拉。

這是法王在隆德寺與第十六世大寶法王噶瑪巴（左）合影。
照片是由阿其森貝所照，攝於 1975 年。

澈贊法王在赴美之前，
拜見達賴喇嘛的兩位老師林仁波切和赤江仁波切
以及第十六世大寶法王噶瑪巴。

這是 1977 年法王在美國自家院子裡除草。

1977 年法王在美國德州休士頓國家公園
與弟弟帕丘及太太莎惹合影。

法王離開美國前在白宮留影。

重回印度

法王回到印度。

1978 年 9 月法王從美國經加拿大、英國、瑞士回到印度新德里，
法王在早上兩點鐘抵達國際機場時，有拉達克區會代表，
及印度國會議員古索巴古拉仁波切，
和拉達克地區及東滇仁波切為首的幾個寺院和村莊代表前來迎接，
並在阿修格旅館舉行供曼達拉儀式。

1978 年 9 月 11 日於印度德蘭莎拉，
由第十四世達賴喇嘛主辦，
三大教的堪布及格西等滿數在場，領受沙彌法戒。

法王在德蘭莎拉達賴喇嘛的宮殿內與尊者合影。

法王回印度以後在德蘭莎拉，
達賴喇嘛駐地接受沙彌戒。

法王在德蘭莎拉的達賴喇嘛的宮殿內。

1978 年 10 月 1 日法王從新德里阿修格旅館，

坐五個小時車到達江底嘎，在此住一晚上。

再搭軍用貨運飛機前往拉達克。

當天車上在法王右邊是拉達克卻吉東滇仁波切，左邊是直貢拉昌管家昆秋桑滇。

法王剛抵達列城，由拉達克佛教會為首，和各教派寺院代表以及
重要的政府官員，一起舉行歡迎儀式，由拉達克寺院代表供曼達拉。

法王接受歡迎儀式後，
前往拉達克直貢六百多年歷史的主要寺廟平陽寺，
這是當地群眾歡迎法王的景象。

法王到寺廟陞座後，拉達克卻吉東滇仁波切帶領所有直貢寺廟代表，
獻上身口意曼達拉。這位是拉達克管家，也是卻吉東滇仁波切的老師索南。

法王到達平陽寺受到隆重歡迎，
婦女們手中拿著銅壺插滿鮮花，
穿著傳統拉達克慶典服裝前來迎接。

法王到達時的歡迎儀式上，男子們身穿傳統拉達克服裝，

繫在腰帶上的佩具幾乎與西藏的相似，

有小刀、甩帶、針線包、點火包、哨子等，包包內有碗。

法王到拉達克首要工作是辦佛學院，
法王從平陽寺、喇嘛玉如、夏究古的三座寺院當中，
各選出三位優秀學生，送到佛學院，開始七年的佛學課程。
當時生活條件非常艱難，法王將平陽寺原本用於修白度母法會用的的八十斗青稞，
用作佛學院開辦經費，不夠的部分學生會從自己家中帶來。
一是太陽花園佛學院第一位堪布昆秋托卓。
二是堪千昆秋嘉稱仁波切。
三是佛學院堪布昆秋札西。
四是卻吉東滇仁波切。
五是永曾仁波切。
六是翁珠仁波切。

這是堪布昆秋托卓，曾經留學過西藏尼瑪江熱（太陽花）佛學院，
他回到家鄉後，在沒有任何對外募款，
只有親屬與家鄉人的幫助下，建築了香寺（左圖），
自己也親自參與修築工程。

法王在喇嘛玉如寺院的上層進行三年閉關。大殿裡面有一處仍保留著那洛巴閉關的關房。

瓊噶仁波切說：修行沒有特殊的方法，就是要按步驟進行。

所以法王在修四加行時，如實進行大禮拜，

皈依十萬遍、供曼達十萬遍，修菩提心時十萬遍，共三十萬遍圓滿。

這是拉達克喇嘛玉如寺對面山上閉關中心。

1979 年 6 月法王在勝樂金剛正行閉關圓滿後進行火供。

這是瓊噶仁波切（1191~1980），原來是直貢梯寺的喇嘛，
屬於東區閉關中心的修行人，派到拉契擔任東奇持金剛上師，之後，
在喇嘛玉如寺圓滿三年閉關兩次。
法王在佛學院上軌道後，也到喇嘛玉如寺進行閉關。

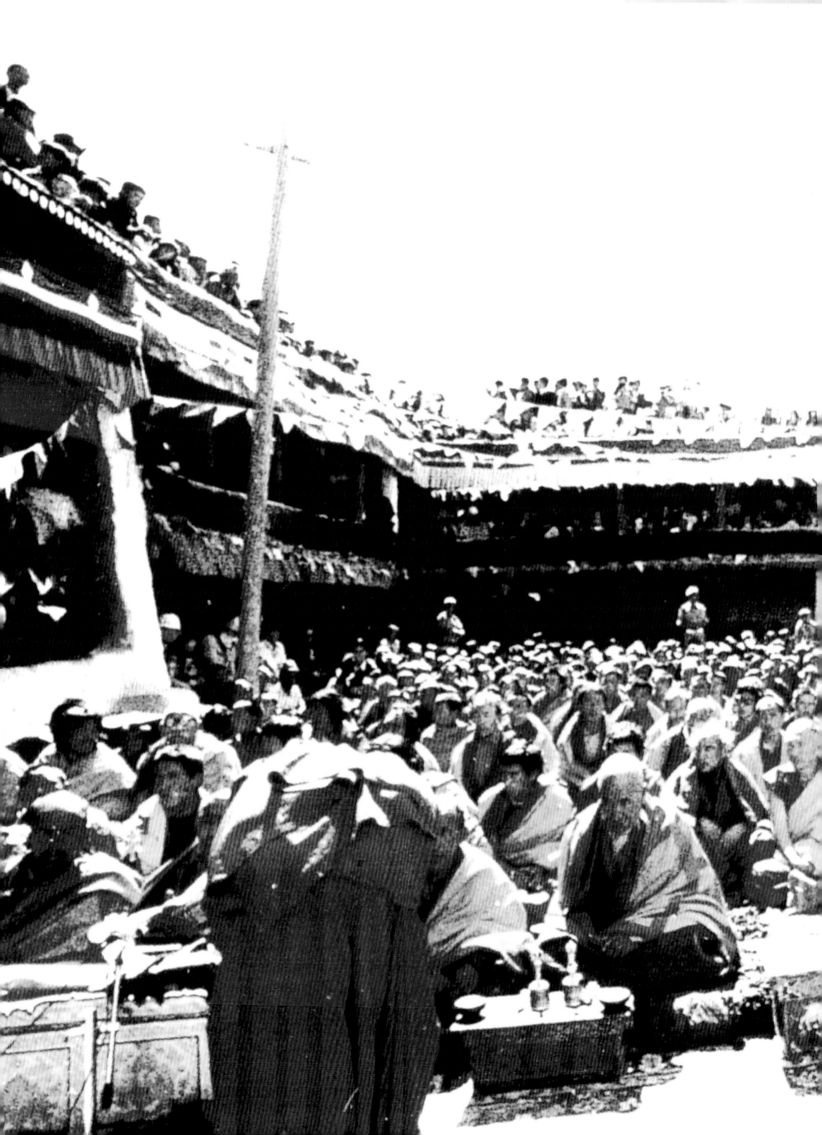

這是 1979 年 7 月 28 日（農曆六月四日），

法王在拉達克平陽寺舉行直貢噶舉創立八百年紀念大法會，

在直貢歷史上這是第一次舉行。

這一天是佛陀初轉法輪的日子，

法王就以此日作為開啟直貢噶舉後期發展的新紀元。

People here are carrying the enormous b[...] thangka of Jigten Sumgon that is 60 feet long and 45 feet wide. (Photo Cre[...] J. Harrer)

平陽寺喇嘛們的發心及拉達克地區主要功德主捐獻綢緞等材料，
由家鄉寺廟在青海西寧地區的出名藝術家阿拉祖古，
用拼布法所做出來的祖師吉天頌恭畫像唐卡（見 159 頁）。
當開光之際，將唐卡請出並做上師供養。

平陽寺按照傳統舉行兩天的金剛舞，
這個金剛舞原本在冬季農休時期舉行，
從那天起，法王將金剛舞改在夏天舉辦，
因此，外國人也可以來到這裡觀看。

右邊手持相機是法王的父親，左邊是管家。

這是法王前世以及現在的廚師，叫做阿香班卓。

法王在拉達克平陽寺附近小溪邊的林卡，
和仁波切們下棋，
右邊是萌珠仁波切、日杰仁波切、竹舉祖古等。

法王剛洗完袈裟，

這袈裟是早期西藏手工做的叫做姿貼（意思是山南茲塘地區毛絨特製的），

洗好後鋪在草皮上面，

每一條手紡的地方需從兩邊拉開，並加上石頭壓著。

第十六世噶瑪巴／讓炯立佩多傑　（西元1924–1981年）

1981 秋 4 月澈贊法王從大寶法王領受《密勒日巴》灌頂、
噶瑪噶舉派傳規的《那洛六法》口傳、
《密續海》的火供儀軌。

1981 年 8 月在平陽寺。
直貢法王從達隆札舉仁波切，
領受強都八大黑魯嘎密續口傳。

1981 年 5 月起連續三個冬天，
法王在大吉嶺竹巴噶舉的主寺裡從堪布挪陽（右）
領受寂天菩薩的《入菩薩行論》、
龍樹的《中觀論》、
達波塔西南貫的喜金剛續部《大手印吉祥光》、
竹巴噶舉《大手印》的全部口傳與教法。

1981 年 5 月法王從竹巴噶舉第一世突色仁波切得到
竹巴噶舉傳規的貝瑪嘎波傳承《那洛六法》等法要。

1981 年於錫金噶瑪噶舉的主寺隆德寺參加
第十六世大寶法王荼毘法會。

1983 年 9 月直貢噶舉拉達克
第九世卻吉東滇仁波切傳授法王《岡波巴全集》、
《帕摩竹巴全集》、《吉天頌恭全集》
與吉天頌恭的《妙法密傳》、《法王貢噶仁欽全集》、
《一意正法》等直貢噶舉主要口傳及《大藏經》口傳。

1983 年 11 月澈贊法王要求頂果欽哲仁波切傳口訣藏；

西藏八大金剛有不同傳承總共有十八部，

澈贊法王曾經要求傳給兩位直貢法王，因 1959 年時局變遷無法實現，

不過法王無意中結下了這個因緣，

在 H．H．頂果欽哲仁波切關懷下，不丹政府慎重地將大法會安排在印度及

不丹邊界的朋措林宮殿連續進行三個月。

幾乎所有不丹商人都來此供養齋僧。這是當時參加的仁波切及堪布合影。

法王買下德拉敦土地後，第一次到這邊樹風馬，邀請法王的外姨祖母仁欽卓瑪
（第一位去英國倫敦留學的女士）及她的先生吉米松增汪波（英國時期投靠西藏的錫金國王），
法王買了三英畝的地，當時每一英畝才付印度盧比一萬五千。

1985 年 2 月 6 日，在北印度德拉敦興建第一座直貢噶舉佛學院，
澈贊法王親自主持安地神修法時，出現很好的跡象，當時雷電齊鳴。
法王的外祖父多噶平措熱傑說：這是很好的緣起，象徵佛行事業將遍地發展。

1985 年安地神法會儀式中，
澈贊法王（右三）與左起覺沛仁波切、
朗欽杰布仁波切、翁珠仁波切、
法王侍者昆丘及管理員喇嘛策旺。

瓊贊法王第一次到強久林寺院。

法王與祖古惹珠益喜合影，他是讀強久林佛學院最久的學生，
又到德蘭莎拉、哲蚌寺，和密續部學院繼續深造，是學習最多的仁波切。

兩位法王在平陽寺林卡裡面野餐。

兩位法王與竹巴噶舉嘉華竹巴法王。

兩位法王與竹巴噶舉嘉華竹巴法王。

瓊贊法王前往喇嘛玉如寺上方，地名叫阿底茲，那裡有那洛巴閉關洞。

兩位法王在喇嘛玉如寺阿底茲閉關中心，那洛巴的閉關房外面。

從喇嘛玉如寺到達居布寺廟時，民眾盛裝迎接兩位法王。

1985 年 7 月澈贊法王與瓊贊法王在拉達克居布寺舉行安地基的儀式。
修法後，澈贊法王放置建地東邊的石柱，瓊贊法王放置建地西邊的石柱。

這是法王要去拉達克羌塘塔森噶莫地區朝聖，整個山脈都有諸佛菩薩的像顯現其上，
這條河水是由新疆和西藏阿里地區流出來的夏玉河匯流而成。

澈贊法王與夏窮固當地民眾於朝聖途中，傍晚時，法王親自拍攝的照片。

這是拉達克及西藏地區很稀有的黑錦鶴。

這是班公湖南面的廣闊草原，鳥窩就築在水面。

達隆噶舉法王夏忠仁波切。

1985 年 8 月 19 日法王到錫金，

在錫金國王的宮殿寺廟中。

向達隆噶舉法王夏忠仁波切受取達隆噶舉傳規的《那洛六法耳傳金剛句》、

《勝樂輪金剛空行箭傳規》與《大印印集》等十二冊達隆噶舉的全部法門。

1985 年 10 月 16 日，在不丹巴卓宮殿與頂果欽哲法王合影。
頂果欽哲法王為澈贊法王傳授重要的寧瑪修行口訣《大圓滿龍欽心髓》。

1985 年 12 月 18 日，直貢法王以噶舉派代表身分參加達賴喇嘛舉行的時輪金剛灌頂。
這場法會聚集了五十萬信眾，是前所未有的時輪金剛大灌頂，格魯派堪布甘丹赤巴（中）
及薩迦天津法王（左）都參與盛會。

1986 年法王展開全世界弘法，
這是第一站德國，攝於法蘭克福機場。

法王第一次去德國直貢噶舉中心南敦區林（大手印中心）。

左邊是法王的侍者竹奔索男覺沛，他留在當地擔任該中心的指導老師。

右邊侍者竹奔滇真，後來為內湖直貢佛法中心住持。

法王與德國直貢噶舉中心南敦區林（大手印中心）信眾合影。

法王在德國第一個中心時，裡面有一位小孩叫蘇南史密斯，
他現在擔任重要法本翻譯成英文、德文的任務。

法王在維也納會見瑞典大使館的外交官 DE SAKAC，當時他正推動歐洲經濟
貨幣同盟政策，並贈送法王一枚歐元樣本。

這是建好的舍利塔。南敦區林（大手印中心）全體會員合照。

這是法王在美國第一次設立中心，
當時的翻譯員堪千昆秋嘉稱仁波切擔任指導老師
和法王行程安排人員阿契策沛。

這是法王在美國科羅拉多州的朋友 BaBaGi Jam 和太太非特，
這處是法王全球弘法行程中的其中一站，也是當地的閉關中心。

這是法王第一次到美國紐約威徹斯特郡傳法，
與原住民切利嘎族的一位領袖搭哈尼雅怙，
在居住的地區進行灌頂講法的合影。
攝於 1986 年。

這是美國原住民切利嘎種族傳統祈福的舞蹈，
法王和喇嘛一起參加。

美國舊金山雲林禪寺大師林雲，邀請法王傳授灌頂十多天和參觀本地區。

法王與義大利 Assisi 安排行程的負責人 Inka Johom 合影。

照片攝於 1987 年，在義大利 Assisi 由天主教主辦的
第一屆全世界和平會議，會議結束後，走路到祈禱會會場上。

1987 年在義大利 Assisi 由梵諦岡教廷贊助，
第一次邀請全世界十二種主要宗教聯合祈禱會，
達賴喇嘛代表佛教界參加，法王同時應邀為貴賓。

1987 年在義大利羅馬聖彼得教堂前。

1987 年法王首次到台灣弘法。
這是法王到達松山機場時與信眾的合照。

1987 年藏曆初一日，台灣主辦寺院邀請法王一起為大眾祈福。
法王與中國佛教會理事長悟明長老合影。

1987 年法王第一次台灣環島時
與中國佛教會理事會秘書長葉總輝合影。

法王與台灣弟子合影。

1987 年法王參訪慈濟位於花蓮的靜思精舍，
與證嚴法師（中）合影。

1987 年法王與佛光山星雲大師合影。

1987 年 3 月 12 日法王在台中藏密院與會員合影，
後排左三為田璧雙先生。

法王在馬來西亞傳授直貢頗瓦法，
與當地佛教領袖伯源長老合影。

馬來西亞當地信眾 Tony Wang。

法王與馬來西亞當地信眾合影。

1987 年 12 月 23 日法王和竹奔索南嘉佩一起修法，
法王計劃五年內完成佛學院的修建工程。

1987 年 12 月 23 日 法王為強久林佛學院動土。

1988 年 1 月 1 日，這是法王開始起步的建築物，法王當時就住在頂樓。同一時間，法王召集拉達克小學六年級畢業學生出家，成為第一批上課學生。

旁邊幾間小房間內住著老師，當時篳路藍縷，學生伙食都是由自己的家中負擔。

法王選擇這裏的原因，是因為此地物價低，比方說：青菜一斤只有一塊錢盧比。

站在二樓的是法王第一位司機喇嘛羅布。

這是正在興建中的強久林寺院，
裡面包含齋堂、廚房及
服務人員住的地方。

這是剛建完法王住的地方及寺院廚房。
照片是開學時的強久林寺院的情景。

寺院開光時邀請薩迦法王參加。

1988 年 1 月 14 日，學校第一天上課時，使用當時的齋堂舉行開光典禮，
並邀請薩迦法王、達賴喇嘛宗教事務部長卡桑耶喜出席。
當時的印度政府官員喇嘛羅桑在建校時，曾給予大力支持。

法王教授藏文文法。

堪布昆秋嘉稱教授佛教哲學。

Joan Loper 老師教授英文。

1988 年 11 月 3 日至 9 日法王與達隆夏忠法王，
及各教派代表在瓦那拉西舉行時輪金剛大法會。
這是最盛大的一次，
有一萬多位來自西藏的僧眾參加。

時輪金剛法會圓滿後，法王與直貢仁波切們，
到佛陀初轉法輪的聖地鹿野苑，
法王右手邊是噶千仁波切、卻吉東滇仁波切，
法王左手邊是洛千仁波切、翁珠仁波切。

 འགྲོ་གུང་ཁ་སྒྲུབ་བརྒྱུད་མགོན་འདུས་སུ་བཞུགས་པའི་རྒྱལ་བ་བཀའ་བརྒྱུད་པའི་སྐྱེས་ཆེན་དམ་པའི་དྲུན་ཏེན་སྐུ་པར་དུ་ཆེན།

1988 年 11 月 3 日至 9 日，西藏第五次宗教會議之後，全體噶舉代表合影。

1988 年 11 月 3 日至 9 日西藏第五次宗教會議之後，
夏瑪仁波切前來拜見法王。

一位不平凡的人，和他不平凡的人生

澈贊法王的願行

逝者如斯！歲月一直是無悔向前！
回顧歷史，我們共同見證了什麼呢，

如前部傳記中所提到的，
直貢噶舉需要重建的寺廟很多，考量的結果，法王把握三個重要的環節，
就像供養佛的身、口、意一樣，
身－就是佛學院，以教育來推動佛法事業。
語－將重要的佛法經典，一系列的翻譯、訂正以及出版。
意－建立閉關中心，以維持直貢噶舉實修的傳統。

從 1979 年法王在印度重啟法輪至今，直貢噶舉教派寺院、閉關中心，如雨後春筍般在世界各地蓬勃展開。法王以無比的毅力、經過數十年櫛風沐雨、帶領著僧俗二眾，為直貢噶舉傳承繼往開來，立萬世之基業。

他有著獨到的眼光與開闊的胸襟，有別於各立山頭或者是區域理念，法王說：
『直貢噶舉的寺院就是我的家，有直貢噶舉寺院的地方就是我的家』，
話語如此古樸自然，卻讓人感到無比震撼。

面對種種逆緣，在極限的環境之下，一般人將如何存續，請問過法王，為什麼人生總是要歷經考驗，才能千錘百鍊，應劫再生呢？法王說：「苦行是在消業障，為此需要苦行。」然而，佛陀也曾指出 "苦行不是唯一的道路" ……….
身體是輪迴當中的結果，修因則使我們不再墮入輪迴，芸芸眾生，該如何參透這其中奧秘呢？

縷縷白雲飄過紗帽山，像極了天神送來的哈達，莊嚴地獻上對法王的禮讚！至此，我覺得，苦難，是在磨練一個人的品德！

直貢傳承不朽，有著法王堅毅的步履，踏過白雪花花的峻嶺，呼嘯而去的北風，是在激發起不斷趕路的決心。

而攀過高原之巔，路的轉折處就是自由的開端啊！

一切法因緣而起，
沒有因緣，
沒有辦法出現在我們面前。

拉契雪山

娑婆世界願相逢

法王說：「佛法不是口頭上的慈悲，必須實際地去利益眾生，關懷眾生。」

「直貢法王傳」的再次出版，除了因緣具足，還有無限的慈悲與善念，
感恩上師法王，是此生來世功德福報的泉源，祈願加持之流無盡！

感謝編輯過程中，
高雄中心 直跋給 . 貢覺丹增無私的奉獻協助，
台灣慧焰文化贊助發行。
高雄中心吳慧玲會長，運籌帷幄功不可沒
以及所有負責校對的工作團隊
還有高雄美惠師姐物資援助
當然，所有請閱者的鼓勵，
是「直貢法王傳」編輯工作再接再厲，
繼續出版，最大的動力！

祝福

翻閱此書的有緣者

日日吉祥 福慧雙全

~~~編後語~~~

國家圖書館出版品預行編目(CIP)資料

直貢法王傳一前傳 延著佛跡 / 直貢噶舉澈贊法王赤列
倫珠著作；昆秋曲吉譯. -- 第一版. -- 臺北市：樂果文化
事業有限公司, 2021.06
　　面；　公分. --（樂繽紛；49）
ISBN 978-957-9036-33-7(精裝)

1. 赤列倫珠 (1946-) 2. 藏傳佛教 3. 佛教傳記

226.969　　　　　　　　　　　　　　110007887

樂繽紛 49

直貢法王傳——前傳　延著佛跡

著　　　作 ／ 直貢噶舉澈贊法王赤列倫珠

འབྲི་གུང་པ་སྐྱབས་མགོན་ཕྲིན་ལས་ལྷུན་གྲུབ།

His Holiness Drikung Kyabgon Thinle Lhundup

譯　　　者 ／ 昆秋曲吉
發　　　行 ／ 台灣慧焰文化
製 作 統 籌 ／ 卓瑪央中
發 行 印 務 ／ 王美惠
總 編 輯 ／ 何紫彤
封 面 設 計 ／ 直跋給‧貢覺丹增
責 任 編 輯 ／ 直跋給‧貢覺丹增 、鄭晴文
文 字 校 對 ／ 吳慧玲、廖英英、劉寶雲

出　　　版 ／ 樂果文化事業有限公司
讀 者 服 務 專 線 ／ （02）2795-6555
劃 撥 帳 號 ／ 50118837 號　樂果文化事業有限公司
印 刷 廠 ／ 卡樂彩色製版印刷有限公司
總 經 銷 ／ 紅螞蟻圖書有限公司
地　　　址 ／ 台北市內湖區舊宗路二段 121 巷 19 號（紅螞蟻資訊大樓）
　　　　　　　電話：（02）2795-3656
　　　　　　　傳真：（02）2795-4100

2021 年 6 月第一版　定價／ 2200 元　ISBN 978-957-9036-33-7